Hypnose et Douleur

L'apprentissage de

l'HypnoAnalgésie

Process

Volume 1

Christophe Pank

« La douleur est une information que nous pouvons prendre en compte. Avec plus d'écoute, nous ouvrons des apaisements de l'âme et du corps »

Du même Auteur Chez HnO Edition

1/ *Initiation à l'Hypnose Classique Curative (Oct-2012)*
2/ *Méthode d'Auto* **Hypnose (Nov-2012)**
3/ *Hypnose et Régressions (Janv-2013)*
4/ *Initiation à l'Hypnose Urbaine (Dec-2012)*
5/*L'ésotérisme décrypté par l'Hypnose (Avr-2013)*
6/ *Hypnose avec les Enfants (Mai-2013)*
7/ *Mieux éduquer ses enfants grâce aux outils de l'Hypnose (Juin-2013)*
8/ *CrossTherapy (Oct-2013)*
9/ *Mes Premiers pas sur la loi d'attraction (2013)*
10/ *Hypnose H-Ultra Ou Hypnose Profonde (Nov-2013)*
11/ *Laboratoire Hypnose Volume 1 (Oct-2013)*
12/ *CT Energetics : Magnétisme et Transes (Janv-2014)*
13/ *Chercheur sur la Loi d'Attraction (Janv-2014)*
14/ *Hypnose et Hypnosophie (Avr-2014)*
15/ *Apprendre le système TPA (Mai-2014)*
16/ *Hypnose et Posture du Praticien (Juil-2014)*
17/ *Hypnose et la Pre-test Therapie (Oct-2014)*
18/ *Base de PNL Interpersonnelle (Nov-2014)*
19/ *Base de la PnL Coaching (Fev-2015)*
20/ *Périple d'un Praticien d'Hypnose contre le Cancer (Fev-2015)*
21/ *Manuel de Formation à l'Auto Amour (Avr-2015)*
22/ *Hypnose et Douleur (Juil-2015)*
23/ *Cette Hypnose Ascendante nommée Hyperempiria (Sept-2015)*

24/ Hypnose Elmanienne (Nov-2015)
25/ Questiosophie (Fev-2016)
26/ Crépuscule de l'Hypnose (Avril-2016)
27/ Pouvoir Limité (Mai-2016)
28/ Hypnose Spirituelle (Août-2016)
29/ Hypnose Invisible (Oct-2016)
30/ Hypnose et Anneau gastrique hypnotique (Janv-2017)

Table des matières

Du même Auteur Chez HnO Edition 5
Introduction.. 9
Chapitre 1 : C'est magique l'hypnose ?.....................................11
Chapitre 2 : Que peut l'hypnose sur les douleurs ?................. 17
Chapitre 3 : Comment ça marche ?....................................... 21
Chapitre 4 : Le niveau de base.. 25
Chapitre 5 : La technique du Gant Anesthésique / Analgésique33
Chapitre 6 : dialoguer avec la douleur. 41
Chapitre 7 : Travail associatif à la douleur (Uniquement pour
les praticiens). 49
Chapitre 8 : Utiliser le niveau de base comme source de
changements.. 55
Chapitre 9 : La Prétest Thérapie (PTT) comme Outil
d'apaisement progressif.. 65
Conclusion 71
Qui est HnO (Hype-N-Ose) ?.. 73
Formations HnO Hypnose 75

Introduction

Aujourd'hui dans le monde de l'hypnose, nous avons la chance d'avoir de plus en plus de communication par les grands médias.

Nous voyons petit à petit **un intérêt de la médecine** à s'éveiller à cette merveilleuse discipline alors que, pendant des années, le monde médical ne cessait de nier l'utilité de cette méthode.

Dans mon courant, **l'Hypnose Elmanienne**, la logique d'**hypnose 'médicale'** a toujours été présente dans l'esprit de ses pratiquants.

Dave Elman, qui n'était pas médecin, avait un statut particulier dans ce milieu là, car il était **un spécialiste de la gestion de la douleur,** de l'analgésie et même de l'anesthésie.

Il **accompagnait des dentistes et des chirurgiens** sur leurs interventions. L'hypnose, comme outil de gestion de la douleur, est un des objectifs premier de l'hypnose Elmanienne. Aujourd'hui en France, de nombreux patients ('Partenaires' dans ma sémantique), cherchent des praticiens **pour apaiser leurs douleurs,** qu'elles soient aiguës ou chroniques. Cet essai a pour objectif de **proposer des exercices et des techniques** à la fois pour les praticiens et pour les partenaires.

Je ne suis pas médecin et je ne suis pas un spécialiste de la douleur, donc, ce qui est proposé dans cet ouvrage est **un retour d'expérience et un ensemble de principes techniques** qui peuvent vous ouvrir à des possibles dans la gestion de la douleur.

Il est indispensable de voir **des médecins pour les douleurs,** ces douleurs sont une alerte et les 'retirer', serait nier une sonnerie d'alarme dans une bijouterie.

Plus que de 'croire' à ceci ou cela, je vous conseille de tester. Vous verrez que **les possibles sont plus proches que vous ne le pensez.**

Chapitre 1 : C'est magique l'hypnose ?

Pour les Partenaires :

L'hypnose n'est pas magique. C'est une discipline qui utilise **un état naturel** qui se nomme la **transe**. La transe est **quotidienne** chez chacun d'entre nous. C'est un lien entre le conscient et le subconscient, de façon simplifiée, entre no**tre pensée logique et notre imagination.**

Il est important de garder à l'esprit ces deux points : c'est naturel et quotidien. C'est parce que **vous le vivez régulièrement** que le praticien peut vous faire 'revivre' cet état.

Pour être concret :

- Avez-vous déjà eu les yeux dans le vague ? En train de penser à autre chose pendant qu'une personne vous parle et perdre le fil de la conversation ?
- Vous est-il arrivé de vous sentir à côté de vos pompes et de faire quand même ce qu'il y a à faire de façon automatisée ?
- Vous est-il arrivé d'avoir des émotions fortes quand vous lisez un livre, quand vous regardez un film ?
-

- Avez-vous déjà eu l'impression que votre conjoint vous a parlé alors qu'il n'a rien dit ?

Et bien tous ces exemples sont **des transes**. Des transes du quotidien, que **nous vivons depuis que nous sommes nés.**

Voilà pourquoi l'hypnose n'est pas de la magie, cette méthode utilise et exploite au maximum cette facette de vous.

Peut être que **vous ne nommiez pas cela une transe**, mais : être à l'ouest, être déphasé, avoir la tête dans le ..., être défoncé, manquer d'attention, être déconcentré... ce sont des transes.

C'est pourtant ce que, nous les praticiens en hypnose, **nous nommons techniquement** les transes, et c'est ce que nous utilisons pour aider psychologiquement des partenaires, mais aussi physiquement. C'est ce que nos amis de l'hypnose de scène utilisent **pour faire des spectacles** avec des choses qui paraissent complètement folles.

Comme vous pouvez le constater, de **cette simple sensation** d'avoir les yeux dans le vague et d'être ailleurs, il y a des possibilités d'orienter cette situation **vers des choses incroyables.**

La question qui vient immédiatement à l'esprit est : Je vis des transes, certes, mais je n'arrive pas à faire des catalepsies, à halluciner, où à ressentir ce que je veux ?

Et c'est normal, comment pourriez-vous courir un 400 mètres haies **si vous ne savez ni courir, ni sauter, ni tenir 400 mètres** ?

Pour autant, vous savez marcher et courir, à votre façon, depuis que vous êtes enfant. Ou faire les 24 heures du Mans alors que vous n'avez jamais piloté une voiture de course, ni fait de courses d'endurance.

Chaque possible commence par un premier pas, la prise de conscience de vos transes est une première étape.

Pour la douleur, vous avez, depuis que vous êtes enfant, également **cette capacité d'atténuer, voire de faire disparaître,** des douleurs, pendant plusieurs minutes, voire plusieurs heures.

Pensez aux bisous magiques de nos mères ou de nos grandes mères, qui arrivent **à faire s'envoler** les pleurs et les douleurs de l'enfant qui vient de se tordre la cheville ou de s'égratigner.

Le nombre de fois où vous vous cognez contre un mur et que la douleur disparaît quelques heures parce que **votre esprit est occupé par des choses plus importantes.** Des douleurs de dents ou de ventre qui disparaissent instantanément à la suite d'un événement grave.

Je me souviens d'une partenaire qui venait pour une douleur aux dents, quelques minutes avant d'arriver chez moi, elle a failli se faire percuter en voiture.

Elle était tellement en stress que sa douleur, qui pourtant était insupportable depuis plusieurs jours, **s'était évaporée.** C'est **une des choses extraordinaires de notre fonctionnement.** Nous avons cette capacité à retirer la douleur.

Et l'outil qui nous servira, pour atteindre cet objectif, sera la transe et toutes ses possibilités.

Pour les praticiens :

Nous savons tous que dans notre pratique la gestion de la douleur est naturelle, nous savons également que nous pouvons, comme dans les exemples précédents, travailler sur cette **capacité dissociative que de nombreuses personnes ont naturellement.**

Gardons à l'esprit que **chacun est différent,** autant certains partenaires vont se faire mal et ne s'en rendre compte que le soir en rentrant chez eux et en voyant le bleu, autant certains, à l'inverse, vont avoir **une qualité associative.**

Dans ce cas, nous devons jouer avec cette facette de l'être et créer une association qui va être **similaire à un ancrage.** Vous connaissez les principes de **désactivation d'ancre** avec création d'une nouvelle ressource, il vous suffit de faire un process similaire :

- Prendre la **douleur comme une ancre** et y voir les effets négatifs
- Travailler en **submodalité** pour diminuer les informations douloureuses
- Mettre en place sur une autre partie du corps, complètement neutre, **une zone ressource**
- A mesure que vous **dissociez la zone de douleur, vous associez des ressources** dans le nouvel ancrage du partenaire.

Nous devons rester dans **une démarche d'observation** de notre partenaire et prendre conscience de la façon dont fonctionne sa transe.

C'est avec l'exploitation de **sa transe associée/dissociée, ouverte/fermée,** que nous allons pouvoir offrir une stratégie et des suggestions ouvrant vers de possibles abaissements de la douleur.

Chapitre 2 : Que peut l'hypnose sur les douleurs ?

Comme je vous l'ai dit, je ne suis pas médecin et pas non plus spécialiste de la douleur. Je vais vous proposer de travailler sur **deux types de douleurs.**

- Les **douleurs aiguës** qui sont connues pour être de **courte durée** et dues à une **cause précise.** Elles disparaissent quand la cause est **soignée.** Exemple une coupure.

- Les douleurs chroniques qui durent **au moins 3 mois,** même avec un traitement, même si la cause a été soignée, elles **continuent.**

Avec l'hypnose nous allons **pouvoir travailler** sur l'une et l'autre avec des moyens et des outils divers.

Il faut garder en tête que la douleur est **une information** qui a tout de même une importance dans notre vie. Si nous ne sentions pas la douleur nous nous mettrions **en danger vital** régulièrement, il suffit de se renseigner sur la maladie de l'insensibilité congénitale à la douleur.

Pour vous donner un exemple concret, une de mes amies, qui gère très bien ses transes, m'a demandé **un ancrage**, c'est-à-dire **une sorte de bouton d'activation** pour gérer une douleur qui revenait régulièrement dans sa vie.

Elle est arrivée rapidement à maîtriser sa problématique et les douleurs **disparaissaient immédiatement** une fois son ancre activée.

Un jour en travaillant, elle s'est foulé la cheville, ce qui était plutôt handicapant. Elle a utilisé l'ancrage pour atténuer la douleur, **jusqu'à l'oublier.** Nous pourrions nous dire que cela est génial et que nous souhaiterions tous faire la même chose à volonté.

Seulement, le soir en rentrant chez elle, elle s'est aperçu que sa cheville avait vraiment **énormément enflé,** et qu'elle était à deux doigts de la **rupture** du ligament.

Nous savons que la douleur nous informe **d'un dysfonctionnement physique**, et plus subtilement, surtout si elle ne disparaît pas, **d'un dysfonctionnement psychique.**

Quand vous avez des douleurs et avant de tester les différents outils qui sont proposés dans cet essai, **contactez un médecin.** Des douleurs peuvent cacher d'autres choses.

Il y a donc différentes possibilités avec l'hypnose. En tant que praticiens, nous cherchons toujours **à apaiser le plus possible les maux**, et plus important encore, à rendre le partenaire **indépendant.**

Nous ne souhaitons pas devenir les médicaments des personnes qui souffrent de douleurs, d'une part, parce que nous sommes chers et non remboursés par la sécurité sociale, et surtout parce que **les partenaires sont les maîtres de leurs vies et de leurs corps**.

L'hypnose est un outil naturel, comme je vous l'ai expliqué précédemment, par conséquent nous vous proposons d'apprendre à utiliser cette faculté qui est la votre.

Vous allez trouver des praticiens différents **en fonction des activités** qu'ils proposent. **En cabinet,** vous pourrez travailler sur les deux types de douleurs et agir dessus. Vous pourrez aller jusqu'à comprendre l'origine 'symbolique' de cette information.

Dans le milieu médical, vous allez pouvoir **vous faire opérer sous hypnose**. Cette pratique devient de plus en plus connue et pratiquée, et comme je vous le disais précédemment **ce n'est pas une nouveauté.** Dans les années 50 cette technique était déjà reconnue.

Pour aller plus loin, **avant l'invention du chloroforme** dans les années 1845, James Braid faisait **des amputations sous hypnose** dans un niveau de transe (nous reviendrons sur ce concept) que Dave Elman nomma le Coma Hypnotique.

A une période où de nombreuses opérations de ce type finissaient par la mort, il parvenait à opérer sans que **son patient ne ressente de douleur**. Vous imaginez bien qu'aujourd'hui, avec les progrès des praticiens et des techniques, il est **vraiment sécurisant** de faire une opération sous hypnose.

En ce qui concerne l'Europe, nous devons ce retour à l'hypnose au **Docteur De Faymonville** qui a proposé dans un premier temps l'Hypnose-sédation, c'est-à-dire **mettre un peu d'anesthésiant** et travailler en hypnose. Il y a toujours cette sécurité de pouvoir à la moindre gêne endormir le patient.

Il y a donc une **différence fondamentale** à noter entre le staff médical (médecins - infirmiers...) et les praticiens d'hypnose en cabinet. Ces derniers **ne peuvent pas vous accompagner** au bloc (bien que certaines cliniques privées les y autorisent), ils **ne peuvent pas diagnostiquer et ils ne se substituent pas aux médecins**.

Par contre, pour tout ce qui concerne la gestion des douleurs aiguës ou chroniques, ces praticiens peuvent largement vous aider dans votre démarche.

Chapitre 3 : Comment ça marche ?

C'est une partie un peu plus pointue, qui, pour les personnes qui veulent simplement apprendre des techniques peut être passée. Même si je tends à simplifier au maximum les principes de l'hypnose, il est possible que cela puisse être un peu complexe.

En Hypnosophie, nous prenons **un schéma assez spécifique** comme modèle de la psyché. Cette perception est typique de cette école et n'a pas pour but d'énoncer une vérité.

Rapprochez-vous plutôt des neuro-sciences si vous souhaitez des explications de Sciences Dures. Les domaines de la psyché restent **une science molle avec des théories, plus que des 'vérités'**, par exemple, la description de la psyché de Freud est différente de celle de Berne. Les explications de l'une ou l'autre des méthodes **n'empêchent pas un mieux être thérapeutique.**

Nous allons avoir les éléments suivants :

- **Conscient :** Mémoire à court terme, facette logique et facette analytique
-

- **Subconscient** : Émotions, Mémoire à long terme, Pattern, Croyances et Valeurs
- **Inconscient** : Ensemble du système automatisé du corps, sympathique et parasympathique.
- **Sas d'administration (Facteur Critique)** : Système qui se trouve entre le conscient et le subconscient et également entre l'inconscient et le subconscient. Il valide, invalide ou retient une information.

L'objectif est de faire **communiquer le conscient vers le subconscient** le plus 'directement' possible, afin que **l'information passe** vers l'inconscient.

Seulement, comme nous allons rencontrer **deux sas d'administration,** en gros deux douanes de l'information, il est intéressant de pouvoir proposer la communication **à un certain niveau de transe.**

La transe est la **communication** entre le conscient, le subconscient et l'inconscient, permettant de ne pas avoir à montrer à chaque fois son passeport à la douane.

Mais comme pour les niveaux d'accréditation, il y a des niveaux de transes qui permettent de faire passer plus ou moins facilement l'information pour qu'elle devienne **une suggestion, puis un apaisement physiologique.**

Nous allons donc travailler sur les transes pour permettre à la suggestion de se transformer en **réponse physique.**

Que ce soit en hétéro hypnose, c'est-à-dire accompagné par un praticien, ou en auto hypnose, c'est-à-dire **sans intervention extérieure,** le processus va être le même.

Comme je vous l'ai expliqué précédemment, les transes sont naturelles et nous avons cette faculté naturelle à nous analgésier, et chose **encore plus extraordinaire,** le subconscient qui a **enregistré toutes les mémoires** à long terme, va facilement **se 'souvenir'** des anesthésies que vous avez eues naturellement ou chimiquement.

C'est une des forces de l'hypnose de pouvoir rappeler au corps cette capacité chimique qui a été vécue et de **la réutiliser dans une démarche thérapeutique... sans les effets secondaires.**

Nous n'allons que très rarement anesthésier, mais plutôt **analgésier.**

Il est important de préciser l'idée pour que vous puissiez la garder en tête pendant vos expériences.

Vous allez sentir, si on vous pince ou que l'on vous mord, seulement, à cette sensation **ne s'ajoutera pas la douleur.**

Ce qui est assez amusant c'est lorsqu'on fait une démonstration de quelques minutes, parce que, oui en 2-3 minutes, **on peut abaisser, voire retirer complètement la sensation de douleur très rapidement.** Quand on demande à notre partenaire si tout va bien quand on le pince, il répond systématiquement qu'**il sent.**

Et quand on lui demande si c'est une douleur qui est **ressentie**, là c'est **négatif.** Donc ne vous attendez pas à une anesthésie exacte telle que celle de l'hôpital ou du dentiste.

On y arrive à des niveaux profonds nommés H-Ultra, j'en parlerai dans une autre partie du livre, cette technique sera pour les praticiens, elle n'est pas conseillée pour les débutants en auto hypnose.

Maintenant passons aux choses concrètes.

Chapitre 4 : Le niveau de base

Je vais utiliser cette sémantique de niveau de base pour vous parler de la profondeur de transe qui offre le plus de possibilités pour gérer sa douleur. En Hypnosophie et Hypnose Elmanienne, il y a une spécificité par rapport à l'Hypnose Ericksonienne, c'est que nous parlons de **niveau de profondeur de transe**. Pour faire simple, dans notre style nous estimons, comme en plongée, qu'il y a des paliers. Et en fonction du palier nous ne voyons pas les mêmes fonds et nous ne vivons pas les mêmes choses.

A ces niveaux, nous estimons que les suggestions sont **plus facilement assimilées** par nos partenaires. En gros, si vous souhaitez voir certains types de poissons pendant votre plongée, vous allez devoir aller plus profondément, ce qui n'empêche pas qu'à un niveau plus haut vous n'en auriez pas croisés, mais beaucoup moins.

Pour les néophytes ce niveau sera **le niveau de base**, pour les praticiens c'est le niveau dit **somnambulique**.

Nous pouvons facilement y arriver avec une technique très simple provenant de Dave Elman le : **To Pretend.** Cela signifie 'faire comme si'.

Dans son livre, Dave Elman explique que même les enfants sont capables d'utiliser cette méthode et un médecin présente sa fille de sept ans qui montre, devant le staff étonné, sa capacité à aller en transe et à gérer la douleur. Elle n'utilise rien de plus que 'faire comme si'.

Cela va vous permettre d'ouvrir un dialogue avec votre subconscient. Ce dernier, en Hypnosophie, est considéré comme un enfant de cinq ans. Et le 'faire comme si' nous étions un cowboy ou un indien est naturel pour un enfant. Il suffit ensuite de **donner des suggestions,** pour descendre à notre niveau de base.

Cette technique est **possible pour tout le monde**, il suffit de se laisser aller à ce jeu d'imagination, et nous savons que l'imagination nous entraîne dans les mémoires à long terme, les émotions et donc dans notre subconscient.

Nous nous offrons un outil simple pour **rentrer en communication avec notre subconscient** et nous allons maintenant seulement prendre une minute ou deux pour plonger vers le niveau de base.

- **Faites comme si** vous aviez cinq ans, fermez vos yeux et imaginez que **vous ne pouvez plus les ouvrir,** comme le ferait un enfant qui vous montre qu'il essaie d'ouvrir ses yeux mais qu'il n'y parvient pas. Faites le test pour voir si vous vous autorisez ce jeu.

Pour les Praticiens : Si votre partenaire ouvre les yeux, c'est que votre explication de départ n'a pas été claire ou n'a pas été suivie par votre partenaire.

Vous pouvez lui **répéter l'instruction** et éventuellement mettre en avant le deal de départ, qui est de faire 50% du chemin pour obtenir un résultat positif.

Pour les Apprenants : Si vous ouvrez les yeux, posez-vous la question, est-ce que vous **vous autorisez à vous laisser aller** en vous pour l'objectif d'apaisement que vous souhaitez. Le principe ludique est une clef intéressante pour le **lâcher prise**, seul avec vous même.

- Maintenant, vous allez **inspirer profondément** et à la fin de cette longue inspiration, vous allez ouvrir vos yeux et **expirer profondément** en fermant vos yeux lorsque tout l'air sera sorti de vos poumons. Vous allez répéter cette démarche trois fois minimum en vous répétant : '**Je fais comme si je doublais mon état de relaxation'**. La respiration vous permet de vraiment vous apaiser et de vous détendre de plus en plus.

Pour les Praticiens : Nous sommes dans une phase d'approfondissement qui se nomme du fractionnement.

Nous permettons, comme en plongée, de remonter un peu le palier pour redescendre plus profondément à chaque fois.

Pour les Apprenants : Recherchez bien en vous cette sensation de détente, ne vous en faites pas si vous n'êtes pas beaucoup plus détendu, le plus important est de '**faire comme si'**. Souvent je conseille même de **s'imaginer le plus détendu possible** comme pour proposer à votre être un pas vers ce qui vous convient le mieux.

- Mettez une main sur votre front et l'autre derrière la tête au niveau de l'occiput, comme si vous teniez la tête d'un bébé. Fermez les yeux et décomptez de dix à un en faisant comme si vous étiez en train de descendre vers une belle source de lumière.

Pour les Praticiens : En cabinet, vous pouvez continuer sur les approfondissements classiques de l'induction Elman, jusqu'à la transition pour la détente mentale.

Pour les Apprenants : Cette technique est issue de la Kinésiologie et nous la retrouvons aussi dans des systèmes comme l'EMDR. Elle permet d'apaiser le corps et l'esprit rapidement, vous permettant d'aller encore plus profondément dans la Transe.

- La seconde partie de cette induction, nous permet de **continuer de 'faire comme si'**. Imaginez simplement, que vous allez décompter de cent à un. Entre chaque chiffre, vous allez prendre le temps de **doubler l'état de connexion et de détente** avec vous-même. Vous êtes dans la dynamique du 'faire comme si', ce qui vous permet de vous **suggérer** qu'avant le chiffre 95, vous serez correctement connecté à vous et prêt à travailler sur les différentes douleurs de votre corps.

Pour les Praticiens : En cabinet, cette partie est plus spécifiquement utilisée pour **la détente mentale.** D'ailleurs, c'est à ce moment là que vous allez passer du **niveau cataleptique au niveau amnésique.** Dans l'induction de Elman, le décompte que vous proposez est orienté dans un objectif, celui qui offre aux partenaires le droit de ne plus prononcer à voix haute les différents chiffres du décompte et donc d'estimer qu'il est arrivé **à l'objectif que vous avez fixé.** Le passage en **Somnambulique.**

Pour les Apprenants : cette facette de l'induction est vraiment utile et vous devez chercher entre chaque chiffre à **réellement doubler votre état.**

Cela a son importance, parce que vous comprenez bien que doubler un état de relaxation ou de connexion, demande une **véritable implication et une responsabilisation** de votre démarche vis-à-vis de vous-même.

Par exemple, vous pouvez imaginer l'état dans lequel vous êtes maintenant. Que vous soyez tendu, détendu ou pensif par exemple, cela est un état au niveau un. Si je vous demande maintenant de doubler l'état dans lequel vous vous trouvez maintenant, vous vous **rendez compte que cela demande une démarche intérieure**.

Alors, si vous le faites sur au moins cinq chiffres, vous allez réellement ressentir que **le 'comme si'**, vous offre une possibilité de pleinement vous retrouver. Et si vous n'y parvenez pas, il vous suffit de laisser aller tous les chiffres qui suivent et donc de vous laisser **le droit d'arriver à votre niveau de base.**

Maintenant, nous sommes arrivés au niveau qui nous permettra durant tous nos exercices de pouvoir **répondre de façon simple et efficace** à de nombreuses **suggestions**.

Il faut comprendre que les suggestions que nous allons utiliser au travers de l'hypnose, représentent **une sorte de programme que nous appliquons** à nous-mêmes.

Il est intéressant de comprendre qu'en fonction de **différentes suggestions**, nous pouvons proposer à notre esprit d'**intervenir sur la perception** que nous avons de la douleur. Je vais présenter plusieurs exercices, avec l'idée suivante : chaque être humain est différent et **ne répond pas aux mêmes types de programmes.**

Pour les Praticiens : Souvenez-vous qu'en fonction des différents canaux de communication, vos partenaires vont être **plus ou moins** réceptifs aux différentes suggestions. Quand nous sommes dans la douleur, nous pouvons avoir l'impression que le canal principal est le kinesthésique.

Seulement, il est important de nous rendre compte que pour la modification des perceptions, nous pouvons **passer par les autres canaux,** qui influeront sur le kinesthésique. D'ailleurs, pour certaines personnes, **la dissociation** est possible grâce à d'autres canaux de communication, elle permet de **nous séparer beaucoup plus facilement** de la douleur, que de tenter de constamment de faire diminuer cette dernière.

Pour les Apprenants : lorsqu'on demande de comprendre la suggestion comme un programme, il faut partir dans **le principe d'imagination.**

À cela, certaines personnes expriment parfois de la difficulté.
Pour simplifier, j'utiliserai le mot **imagination**, seulement juste
le fait d'**y penser** ou de '**faire comme si**' sera déjà suffisant
pour que les retours soient palpables.

Vous pouvez sur chacune des suggestions, idées ou
propositions, **utiliser différents sens**. Vous pouvez être plutôt
visuel, auditif, kinesthésique, olfactif ou gustatif. Il ne faut pas
vous focaliser sur ce que vous êtes le plus hors niveau de base.
Votre référent est la perception que vous allez avoir au **niveau
de base.** Par exemple si vous avez tendance à être plutôt visuel
dans votre quotidien, il est possible qu'à ce niveau vous
ressentiez **plus facilement** les sensations du corps ou les sons.
Il est également utile de vous rendre compte que vous allez
vivre à votre manière les différentes suggestions. Il n'y a pas
une façon meilleure qu'une autre pour vivre cela. Si un exercice
ou une suggestion ne convient pas ou ne vous donne pas de
résultats (après une dizaine de fois), cela signifie simplement
que par rapport à votre mal, ce n'est pas la bonne solution.
**Respectez constamment votre manière de vivre et de
ressentir les choses.** Ne vous mettez aucune pression et au
contraire faites le maximum pour être le plus détendu possible.

Chapitre 5 : La technique du Gant Anesthésique / Analgésique

Cette technique du gant anesthésique est **un classique** de l'hypnose. Pour ce faire, il vous suffit de suivre les indications suivantes :

- Vous vous mettez au **niveau de base**
- Imaginez votre main gauche si vous êtes droitier et inversement, **plongez la dans un bac d'eau glacée**. Vous imaginez, **en vous suggérant** que votre main devient de plus en plus froide, que petit à petit **vous vous reconnectez** à ces sensations que vous pouvez avoir l'hiver. Retrouvez un souvenir de vos mains qui commencent à avoir **très froid,** par exemple au ski ou en vous promenant dans la rue sous des températures négatives.
- Comme vous allez vous connecter à votre souvenir de votre corps, vous allez **donner l'information** à votre cerveau puis à votre main de rafraîchir de plus en plus cette partie là et, si vous souhaitez, vous pouvez même **étendre cette sensation dans tout votre bras.**

- Une fois que la sensation est présente, vous avez réussi à vous connecter à une capacité de votre corps de **changer sa température**. Vous pouvez déjà **vous féliciter** de cette première étape. Maintenant, vous allez laisser monter petit à petit votre main au-dessus de votre tête. Il y a deux façons de faire, soit vous faites comme si des ballons d'hélium élevaient petit à petit votre bras, soit vous le montez consciemment à la place déterminée.

- Une fois que votre bras se trouve au dessus de votre tête, **continuez à vous connecter à la sensation de fraîcheur**. Puis vous allez vous focaliser sur l'autre main.

- Sur la seconde main, vous allez créer de la détente, cherchez à complètement la relâcher, c'est **très simple à faire**. Et petit à petit, vous allez imaginer que vous **étendez cette détente dans le reste de votre corps,** simplement par la **pensée**. Faites-vous confiance, imaginez juste que cela se diffuse. À mesure que vous imaginez la détente totale de ces parties de votre corps, vous allez refocaliser sur votre main, au-dessus de votre tête et vous percevrez qu'elle **perd de la sensibilité**. c'est un peu comme si vous aviez **la main engourdie**.

Vous constaterez que le reste du corps se détendra de plus en plus.

- Quand vous en êtes arrivé à ce stade, après environ cinq minutes, vous allez poser la main sur l'endroit qui vous est douloureux. Comme vous êtes au **niveau de base**, vous allez vous rendre compte qu'il est **très simple de diffuser cette sensation d'analgésie** sur la partie qui vous est douloureuse. De plus, comme vous avez déjà commencé à détendre votre corps grâce à votre autre main, **la diffusion vers d'autres parties du corps va se faire de façon naturelle.**
- Si l'endroit douloureux est inaccessible avec votre main, alors il vous suffit de poser **votre main analgésiée au plus près** et de **diffuser cette sensation** de la main vers votre douleur.

Vous verrez qu'avec cette technique, la douleur **va rapidement diminuer** et que vous allez renouveler votre expérience régulièrement.

Vous aurez de **moins en moins besoin de refaire** l'ensemble du processus et vous serez capable de transférer l'analgésie **dans toutes les parties du corps**, simplement en **orientant votre pensée et vos suggestions** qui seront de plus en plus précises sur le besoin que vous avez.

Pour les Praticiens : il y a deux éléments importants à prendre en compte. Le premier est celui de **bien connecter votre partenaire à la sensation de froid** et de laisser **suffisamment longtemps** la main au dessus de la tête pour que le sang qui y circule puisse donner la sensation de picotements ou d'engourdissements. L'autre main a également son importance. Très souvent, nous utilisons simplement une des deux mains.

Seulement, le partenaire peut tellement focaliser sur la main au-dessus de la tête, qu'il risque de ne **plus être correctement à l'écoute de lui-même.**

La dissociation, avec la suggestion de se détendre et de diffuser ce bien-être dans le corps, laisse au subconscient la capacité de finir le travail d'analgésie et de préparer la suite de l'opération. La détente permet **une diffusion plus facile** de la suggestion et de la sensation ressentie d'apaisement.

Pour les Apprenants : vous devez vraiment prendre votre temps pour **bien ressentir les variations** des sensations dans vos mains. Vous vous focalisez sur ces perceptions et comme vous êtes au niveau de base, vous pouvez **vous laisser porter par les suggestions.** C'est d'ailleurs grâce à ces suggestions que vous allez complètement changer les sensations présentes dans votre corps, par exemple la douleur, et vous allez pouvoir orienter cette nouvelle façon de ressentir dans le reste du corps.

Pour aller plus loin, vous pouvez également vous donner la **suggestion métaphorique du lac.** Comme le gant anesthésique, c'est un grand classique de l'hypnose. Je vous conseille de passer au lac quand vous aurez **appris à maîtriser** et que vous répétez facilement en très peu de temps le gant anesthésique.

La méthode du lac vous permet d'orienter vos pensées **vers un axe imaginaire, ceci est particulièrement utile pour les visuels.** Vous pouvez y mettre l'ensemble **des croyances et des attentes** que vous souhaitez pour vous au travers de cette séance. L'imagination permet de voir de nouvelles possibilités et offre **des visualisations et une assimilation plus rapide des changements** que nous attendons. C'est d'ailleurs très souvent utilisé dans des exercices de sophrologie, de TCC ou de programmation neurolinguistique. À votre **niveau de base**, vous allez simplement commencer à imaginer, en décomptant de dix à un, que vous descendez le long d'un chemin qui vous amène à un lac. Une fois que vous y êtes, vous allez simplement imaginer que vous **entrez dans ce lac** et que vous y avancez **progressivement** en commençant par les pieds. Vous devez donc être capable de ressentir **les mêmes sensations qu'avec le gant analgésique** partant des orteils jusqu'au sommet du crâne.

C'est à vous de suggérer cette montée progressive de la fraîcheur et de l'engourdissement dans tout votre corps. Il est assez facile de s'imaginer cette sensation, il vous suffit de **vous souvenir d'un plongeon dans la piscine ou la mer.** Cela permettra, en plus de la possibilité de soulager vos douleurs, de proposer à votre subconscient des **suggestions curatives, progressives et positives pour vous.**

Pour les Praticiens : cet outil est vraiment pertinent afin que votre partenaire puisse petit à petit se rendre compte de **la capacité globalisante de sa transe** pour atténuer, voire faire complètement disparaître les douleurs. Prenez le temps de savoir si ce dernier n'a **pas de phobie ou un événement traumatique** lié à l'eau. Pour certaines personnes, il est intéressant de vous axer sur une logique de **chaleur plutôt que de fraîcheur.** En fonction des douleurs ou de la perception de cette dernière, certaines sensibilités expriment leurs maux au travers d'**une sensation de froid.**

Dans ce cas, je remplace le lac par un vieux cratère qui offre la possibilité de faire des bains d'eau chaude. On entend cette notion de l'énergie de la terre, cette énergie primitive qui peut vraiment apaiser le corps.

Pour les Apprenants : cela doit être nourri par votre imagination, c'est vous qui allez, au travers de votre orientation, donner l'ensemble **des éléments positifs de ce lieu.** Cela va permettre que ça devienne une **ressource** pour vous. Avec les retours que j'ai pu observer, de nombreux partenaires, atteints de douleurs chroniques, utilisent cette méthode le matin **sous la douche** afin d'avoir une journée beaucoup plus apaisée. Il est vrai qu'il est plus facile de lier la sensation d'eau avec la réalité que vous êtes en train de vivre.

Pensez bien que vous pouvez obtenir votre niveau de base **en étant actifs.** Vous observerez après un certain nombre d'utilisations de ce niveau, que c'est extrêmement facile d'y rentrer et que vous pouvez l'utiliser, que ce soit en marchant, en vous douchant, ou dans un transport en commun.

Ce premier exercice est **vraiment utile pour comprendre d'une part sa transe**, d'autre part également pour se connecter facilement à soi-même et vivre ses premières **suggestions** avec un impact physiologique. Nous allons voir que certains exercices à venir nécessitent l'intervention d'un praticien, ou une **bonne maîtrise** de cet outil de base.

Une fois que l'apprenant a compris son niveau de base, et l'impact des suggestions sur son corps, il s'ouvre à une palette beaucoup plus large de possibilités pour s'apaiser au quotidien.

Chapitre 6 : dialoguer avec la douleur.

Cet exercice peut être **fait à tous les niveaux**. Il est vrai que l'intervention d'un praticien peut parfois **aider à un meilleur décodage** de ce que représente la douleur. Cependant, pour les apprenants, vous avez déjà la capacité **de mieux vous écouter** grâce à la maîtrise que vous avez de votre niveau de base.

La douleur est une information, cette dernière, actuellement, de par notre façon de la traiter, est plutôt mise de côté, voire complètement oubliée dans le but de permettre aux partenaires en souffrance **de mieux vivre ce moment.**

De la psyché, nous attendons les douleurs de façon différente, particulièrement celles qui sont chroniques, en considérant que **le corps est en train d'exprimer une facette du subconscient.**

Notre inconscient n'a pas réussi à capter l'information et cela a entraîné **une somatisation,** comme un signal d'alarme plus puissant, permettant une attention plus particulière.

Seulement à force de vouloir **réduire et oublier** cette douleur, nous ne prenons pas en compte ce signal. Les médicaments qui servent à atténuer la douleur pour davantage de confort **ne permettent pas au corps de se faire comprendre.**

Par extension, dire que notre subconscient, qui a tenté de se faire comprendre par le conscient, et qui n'a **pas trouvé de réponses satisfaisantes,** s'est tourné vers le corps qui ne lui donne pas davantage de réponses si **nous l'endormons.**

En somme, nous ne lui permettons pas de passer à **la compréhension, à l'accueil et à l'acceptation** de cette information. C'est pour cette raison, que l'hypnose peut vraiment offrir une amélioration de l'état.

Dans la recherche du dialogue avec la douleur, nous n'allons **pas avoir directement** une réponse claire et précise. Seulement nous avons commencé à mieux appréhender cette douleur.

Nous allons prendre conscience des moments où nous avons des pics de douleur, avec qui nous les avons, dans quelles circonstances et un ensemble d'éléments qui nous permettront de ne plus voir la douleur de la même façon.

Mais pour la plupart des personnes qui vivent des douleurs chroniques, la douleur n'est **pas toujours au même niveau.** Il y a des mieux il y a des pires. Parfois nous estimons que parce que nous sommes fatigués la douleur augmente, parfois si nous sommes stressés, parfois parce que nous sommes contrariés. Chaque personne est différente et pourtant les douleurs de la même pathologie peuvent ne pas intervenir de la même façon ni au même moment.

De plus, la perception et la gestion de la douleur sont propres à chaque personne, elles vont permettre de comprendre que le message n'est pas le même.

En cabinet, avec les praticiens, **les questions vont être précises, continues et récurrentes.** Il arrive souvent que lorsque la source de la douleur a été exprimée, cette dernière s'atténue, voire disparaît. Sans aller nécessairement chercher à la faire disparaître, nous allons déjà voir ce que cela fait sur notre corps que d'écouter ces différentes informations de notre être.

Dans un premier temps, vous allez vous mettre au **niveau de base.** Maintenant que vous êtes capable de gérer ce niveau, vous allez vous **connecter à votre douleur.** Quand je parle de connexion, c'est simplement de **fixer votre attention sur cette douleur.** Pour les personnes qui ont mal de façon chronique, cela peut parfois **sembler un peu plus difficile.**

Paradoxalement le fait que la douleur soit constante, il est parfois plus délicat de **trouver la source** de son mal.

Focalisez votre esprit sur **l'origine** de votre douleur. D'où vient-elle ? Comment se développe-t-elle ? Est-ce par vague ? Est-ce continu ? Est-ce qu'elle se diffuse ? Est-ce qu'elle se fixe sur une zone ?

Prenez réellement le temps de **bien la localiser** et de **ne pas**

éviter sa présence. Pour certaines p ersonnes, le simple fait d'accueillir cette douleur à l'intérieur de soi, sans chercher à **la repousser** et en prenant attention aux détails de son existence, offre **une forme de soulagement.** La douleur physique ne diminue pas nécessairement mais elle devient **précise**, plus palpable. Une fois que vous avez vraiment ce lien à la douleur, vous allez chercher à **l'amener ailleurs.** C'est un **déplacement symbolique** par la pensée. Imaginez simplement un lieu, un endroit apaisant une forme de zone de confort.

Le travail réel commence ici. Vous allez faire **un questionnement basique** vis-à-vis de votre douleur. Comme vous êtes au niveau de base, il est intéressant d'observer les réponses à la fois **physiologiques, mentales et émotionnelles** que vous allez avoir. L'apprentissage de l'écoute de soi est parfois assez **étonnant.** Vous allez selon vos canaux de communication, obtenir des informations diverses aussi bien visuelles, kinesthésiques ou autres. Ne vous attendez pas à des phrases toutes faites, ou à des éléments très précis.

Avec l'expérience, certains d'entre vous, vont réellement avoir **cette capacité à s'entendre.** Dans un premier temps, vous prenez juste attention à vos pensées et aux différentes sensations que vous allez avoir sur chaque question. Souvent les apprenants ou les partenaires ont comme première réponse : je ne sais pas.

Comme vous êtes en apprentissage, seul devant ce livre, je vous conseille de **vous faire confiance**. Vous pouvez mettre devant vous, papier et stylo pour noter vos ressentis par rapport à une question posée. Vous notez les premiers mots qui vous viennent en tête.

Vous allez laisser se mettre en place **des associations libres**.

Connectez-vous à la douleur et répondez à ces simples questions : **qui, quoi, où, quand, comment et pourquoi.**

La douleur va peut-être vous ramener vers une personne, peut-être que cela va vous sembler complètement incohérent et n'aura aucun lien avec ce que vous pensez de cette douleur. Cela n'a pas d'importance, nous cherchons à identifier qui.

Quand vous vous connectez à cette douleur la première personne qui vient à votre esprit donnera **des indications intéressantes** sur l'association : **douleur > personne**.

La question 'quoi' est intéressante parce qu'il peut vraiment y avoir n'importe quel type d'images, de mots ou de pensées qui vous viendront. **Faites-vous confiance**, même si cela peut vous sembler complètement étrange et sans logique.

Pour les néophytes, cela peut vous sembler sans intérêt.

Seulement quand on sait que notre subconscient est **constamment** en train de nous donner des indications, nous savons qu'**aucune information n'est anodine**. En cela, si vous pensez à quelque chose alors que vous êtes connecté à autre chose c'est que votre esprit y voit **une association** et que dans cette image ou cette pensée, il y a un **indice, voire une réponse**.

Vous allez vous rendre compte, que chaque question va apporter **des informations essentielles**. C'est au sein de cette découverte de perception que vous allez petit à petit, tout en restant pleinement connecté à la douleur, prendre conscience **de différentes facettes de vous-même**.

Pour les Praticiens : vous allez mener votre partenaire avec des questions générales au départ, puis de plus en plus précises. Pensez constamment à rappeler à votre partenaire de vous donner une **notation sur son échelle de douleur**. Vous constaterez que selon les questions la douleur peut parfois **augmenter**. C'est un signe qui indique que nous sommes en train de toucher un **élément émotionnel ou mental** important. Prenons l'exemple qui suit. Quand vous l'interrogez sur **le comment,** votre patient va en **régression spontanée** au jour de sa blessure. Vous allez l'interroger sur l'ensemble **des éléments de sa vie** à ce moment-là.

La douleur va vous donner **une jauge** des choses à creuser et de celles qui ne le sont pas. Vous allez pouvoir l'interroger sur le travail, la famille, tout autre élément de la vie. Vous allez facilement **faire des liens**. Il se peut que le stress ait été important, que depuis quelques mois les émotions aient été instables ou que le mental se dirigeait vers des idées plutôt négatives. À mesure que vous allez **identifier** les différents éléments récurrents et marquants, demandez lui si la **douleur augmente ou diminue**. Si vous êtes sur un point élevé, faites cette partie de séance sur la problématique soulevée. L'étape suivante est simple, il vous suffit de faire des **suggestions directes** par rapport à la problématique que vous avez découverte.

Pour les Apprenants : soyez à l'écoute de votre corps. Lorsque sur certaines questions vous avez des variations de douleur, vous pouvez noter un élément important à aller traiter.

Avec **des suggestions très simples**, comme par exemple : « je me pardonne », « je diminue de plus en plus cette douleur », « je m'apaise ». Vous allez pouvoir offrir à votre subconscient et à votre corps un apaisement réel. Comme je l'ai précisé plus tôt, ce dialogue entraîne également des réponses, et les suggestions positives et progressives sont des options utiles après une écoute de votre corps.

Chapitre 7 : Travail associatif à la douleur (Uniquement pour les praticiens).

Comme dans le chapitre précédent, j'ai abordé le **principe de dialogue**, je souhaite mettre en avant une technique qui apporte des **résultats impressionnants**. Seulement il faut savoir, que vous allez amener votre partenaire dans **un état de douleur important**. Cette méthode utilise deux éléments.

Le premier est celui de la **régression à la scène traumatique**, au moment pendant lequel la douleur a été la plus élevée. Le corps a une mémoire, et le subconscient va utiliser cette mémoire comme un **indicateur sur les informations** qui peuvent être exprimées. Il faut signaler à votre partenaire que son échelle de douleur risque de monter de façon **exponentielle** durant cette phase.

Le second est **l'association**. Nous savons que de manière générale, en hypnose nous sommes dans **des techniques dissociatives** quand il s'agit de la douleur. Cette fois il n'y a aucune dissociation et au contraire nous allons **élever et monter la douleur jusqu'à son paroxysme.**

Comprenons bien le système. **La douleur est une communication** et quand elle est élevée cela signifie que le **signal émis est important**.

Plus la douleur est élevée et plus la communication se fait **impérative afin de comprendre** quelque chose.

Nous allons donc faire remonter au moment **le plus douloureux**, la plupart temps c'est au moment du traumatisme, et nous allons dans cette **association douleur et transe,** interroger le partenaire d'un point de vu émotionnel, physique, mental.

L'ensemble des **informations** qui sont fournies, des **souvenirs** qui remonteront, des **valeurs** qui peuvent être transmises dans cette douleur ou même des **croyances sur la douleur**, sa gestion et sa représentation, apporteront de nombreuses indications pour mieux comprendre et associer les choses.

De plus, cette **capacité de l'être humain** de pouvoir faire monter sa douleur à un niveau très élevé, ouvre la **possibilité quasi immédiate de faire descendre** cette même douleur. C'est comme **un enseignement au subconscient** et au corps, qui, avec de simples suggestions et une simple connexion à un souvenir, font qu'il est possible de démultiplier l'intensité d'une douleur et donc de faire exactement la même chose en la diminuant.

Prenons un exemple, le partenaire nous dit qu'il est à douze sur dix pendant cette montée. D'ordinaire, au début de la technique il est autour de cinq.

En moins de cinq minutes nous avons donc fait prendre au corps cette intensité de douleur. Cela en ne passant que par **la suggestion et la connexion émotionnelle.** Nous enseignons donc au corps **cette capacité d'être flexible** au niveau de la douleur. Une fois que nous avons pris les informations qui étaient nécessaires pour continuer une session, nous allons faire diminuer cette douleur et chose étonnante, la majeure partie du temps nous retournons à une douleur plus basse que celle de départ. Dans notre exemple, notre partenaire descend à trois.

- Dans un premier temps, demandez au partenaire sa douleur sur une **échelle de un à dix.**
- Amenez-le au niveau **somnambulique.**
- Demandez-lui de bien se centrer sur cette douleur dans son corps, et **connectez**-le pleinement à cette douleur. Les suggestions permettant d'orienter cette connexion.
- Donnez-lui une suggestion du type : « nous allons retourner à la source de ta douleur en la connectant à l'événement traumatique de ton corps et de ton esprit. ».
- Le partenaire va dire que la douleur augmente facilement, vous devez l'accompagner et commencer à **l'interroger sur l'ensemble des perceptions**, des sensations, des émotions et des différentes idées qui peuvent lui arriver à l'esprit.

La douleur est souvent associée à un ensemble d'événements et d'émotions. Lorsque notre partenaire sera dans **une transe de douleur,** l'ensemble des informations qu'il va pouvoir transmettre, et elles seront nombreuses, nous permettra de **remonter à des sources importantes**.

Il est probable que votre partenaire ne revienne pas nécessairement à son accident ou à la première douleur qu'il a ressentie. Même **si les images ne correspondent pas** et ne semblent pas cohérentes, traitez-les comme si c'était **véritablement le point clef de la session.** Parfois on dit que la **douleur fait délirer.** C'est justement ce délire que nous allons utiliser, le subconscient se permettant de donner énormément de flux à ce moment-là.

En tant que praticien, il vous sera dès lors facile de **garder en tête l'ensemble du processus** et de faire redescendre au travers de **suggestions apaisantes** pour la douleur. La descente a également une importance, outre l'opportunité de notre partenaire de gérer sa douleur, à chaque point perdu vous allez pouvoir **l'interroger et obtenir de plus en plus de précisions** sur ce qui a été précédemment énoncé.

Le subconscient au pic de la douleur offre de nombreuses indications, et la descente nous permet **de compléter,** voire de mieux comprendre la façon d'exprimer ce mal.

Avec des **suggestions directes d'apaisement,** vous allez faire descendre le plus possible la douleur. Chose qui est **plus simple** que si nous avions commencé au niveau initial de douleur.

De ce niveau bas, vous allez **commencer la session** sur l'ensemble des messages qui ont été passés pendant le processus que vous avez mis en place. Souvent, la **simple expression** permet déjà un réel changement pour notre partenaire.

Cette facette du travail, qui est de recadrer et de gérer le souvenir ou la perception, ouvre une voie à un **cheminement plus profond** de l'expression de la douleur.

Vous allez vous rendre compte dès lors, que ce qui a été dit **va diriger sur d'autres problèmes,** souvent éloignés de la douleur, en tout cas en apparence. Les liens peuvent être **surprenants** aussi bien pour le partenaire que pour le praticien.

En résumé, faites monter la douleur pour comprendre les différents messages au travers des VAKOG, puis faites descendre cette douleur tout en continuant à interroger le corps et l'esprit pour arriver à un niveau acceptable et bas.

Enfin, vous allez faire la session sur ce que vous avez pu rapporter et suivre vers les problématiques qui sont cachées derrière.

Chapitre 8 : Utiliser le niveau de base comme source de changements

Nous avons vu dans les chapitres précédents des outils qui nous permettent de remonter vers une **source de la douleur.** Dans ce chapitre nous allons utiliser le **niveau de base.** Comme je vous l'ai précisé au début de ce livret, le niveau somnambulique est utilisé dans l'hypnose Elmanienne comme **niveau de référence** pour permettre une diminution de la douleur avec de simples suggestions.

Nous ne sommes pas dans la recherche de causes avec cet outil, nous sommes dans du symptomatique. Comme je vous l'ai précisé, le symptomatique est **une phase obligatoire** pour traiter les personnes atteintes de douleurs. Nous n'allons pas laisser souffrir notre partenaire simplement pour remonter à la cause. Depuis le niveau de base, le conscient et le subconscient sont dans **une transe équilibrée.**

Cela signifie que les suggestions proposées, du conscient vers le subconscient, ont une forte probabilité de **donner des résultats directs.**

Je ne propose cette technique qu'à partir de maintenant, parce que j'estime que vous avez déjà répété à de **nombreuses reprises** votre niveau de base.

Ce qui signifie que vous devez maîtriser à présent ce niveau somnambulique.

Pour les Praticiens : si vous faites simplement la Elman induction, vous arrivez sans aucun doute au niveau somnambulique. Vous pouvez toujours vérifier les différents niveaux, en testant par exemple une catalepsie, une amnésie, puis une suggestion directe pour apaiser la douleur.

À ce niveau de transe, votre partenaire est **capable de parler** et donc de vous donner facilement, sur une échelle de un à dix, son niveau de douleur.

Je vous conseille **de faire parler votre partenaire tout le long de la session.** Vous allez proposer des suggestions qu'elles soient **métaphoriques ou simplement directes,** mais éviter de faire des longs discours, avec de la confusion et autres outils.

L'objectif est de faire **infuser les suggestions** dans le subconscient et par extension dans le corps, d'avoir un retour immédiat de ce qui est proposé.

Vous pouvez par exemple, proposer que la douleur disparaisse en imaginant une grande fraîcheur, **le retour de votre partenaire sera essentiel,** pour continuer et vous permettre de mettre en place les suggestions qui conviennent. Si votre partenaire n'a pas un ressenti de mieux avec la fraîcheur, tenter la chaleur, si la chaleur ne fonctionne pas, proposer une distanciation et ainsi de suite, **restez souple**.

Il est donc essentiel qu'à chaque suggestion, que **vous répétez un minimum de trois fois,** vous fassiez répéter ces suggestions par votre partenaire, à voix haute ou basse.

Vous lui demandez un retour sur son échelle de un à dix. Une fois que vous avez réussi à faire descendre cette douleur, ce qui est en général **assez rapide** jusqu'à un certain niveau, vérifiez déjà que ce niveau est **plus agréable que le précédent,** et demander si cela fait longtemps que cet apaisement a été ressenti. Vous pouvez lui **faire conscientiser sa capacité de la gestion de la douleur** et vous pouvez déjà **lui ancrer ce niveau,** même si ce n'est pas un niveau zéro. De nombreuses personnes atteintes de douleurs chroniques seront tellement satisfaites de pouvoir descendre sous la barre des cinq, que déjà elles auront **une énorme satisfaction.**

Il est important de vous rendre compte que la douleur donne également **des bénéfices secondaires.** Certaines personnes **ne sont pas prêtes à quitter une habitude** qui les suit depuis des années.

La douleur est une **habitude, elle est importante** également pour son lot de choses positives, si vous faites descendre **trop rapidement la douleur,** l'expression de la douleur ne sera plus respectée, et vous risquez de la faire réapparaître de façon plus marquée ou de la déplacer.

Un conseil pour les personnes qui ont des douleurs autour de huit, neuf, ou dix, faites les descendre autour de quatre ou cinq. D'une part vous leur laissez le droit **d'avoir gardé pendant des années une douleur, et** la possibilité de ne pas **se culpabiliser** quand, parfois en une seule session, la douleur peut complètement disparaître.

Cela n'est pas anodin, imaginez ce que peut vivre une personne qui **prend conscience que sa douleur a été gardée pendant des années alors qu'elle aurait pu la retirer en moins d'une heure.**

Les praticiens veulent souvent trop bien faire et ne se rendent pas compte de l'impact d'un changement aussi important. Vous pouvez également montrer à votre partenaire que les suggestions fonctionnent **grâce à l'activation de l'ancre** et qu'il peut, avec du travail, réduire à volonté ses douleurs. En allant trop vite, vous risquez de créer un auto sabotage chez votre partenaire.

Il est important pour nous de garder en tête que nous ne devons **pas supprimer totalement** la douleur, mais l'atténuer au maximum. En effet, la douleur est une information et tant que les médecins n'estiment pas que cette dernière n'a plus d'intérêt, la faire descendre **au niveau un ou deux** est suffisant.

En tant que praticiens, vos **suggestions suivront petit à petit la diminution** de la douleur.

Je vous conseille de mettre un autre **ancrage au niveau le plus bas**, différent du précédent.

Cette méthode est symptomatique et **fonctionne vraiment bien,** vous pouvez si vous le souhaitez, dans un second temps, travailler sur **les origines de cette douleur**, mais la plupart du temps vos partenaires seront satisfaits et ne souhaiteront **pas aller plus loin** dans leur thérapie.

Je me souviens d'une fois où un partenaire d'environ 70 ans est venu me voir. Il était courbé et avait des douleurs depuis l'âge de 35 ans. C'était un ancien sportif et ses douleurs chroniques l'empêchaient de vivre correctement.

Après une session de ce type là, il est reparti la colonne vertébrale beaucoup plus droite et sans douleur.

La session suivante, quand je lui demande l'objectif de la deuxième séance, il me parle de complètement autre chose que de sa douleur qui a duré plus de 30 ans.

Quand je lui dis qu'il faudrait peut-être voir qui se cache derrière, il a souri et a préféré orienter son objectif sur complètement autre chose. Après cette séance, je ne l'ai plus jamais revu. Il est normal qu'une personne qui a de grosses douleurs, ne veuille pas nécessairement travailler sur **l'aspect psychologique**. La seule chose que j'ai pu retenir de mes différentes expériences, c'est que régulièrement la douleur peut **revenir par un autre biais**, pour mieux se faire comprendre.

Pour les Apprenants : vous allez descendre à **votre niveau de base,** puis vous allez proposer des **suggestions directes.** Les suggestions directes se composent de la manière suivante : elles sont **courtes, positives, progressives.**

Par exemple : « Ma douleur diminue plus en plus à mesure que je prends de longues respirations ».

Vous avez la possibilité de travailler sur **une suggestion,** plutôt directe ou **une série de suggestions** du même type. La seconde façon de faire des suggestions est plutôt **métaphorique.** Par exemple : «j'imagine petit à petit que je descends le long d'une vallée. À mesure que je descends ce sentier, je ressens de plus en plus mon corps s'alléger, ma respiration se fait plus profonde et je me sens de mieux en mieux. En continuant de descendre, j'arrive près d'un lac.

Je vais prendre mon temps pour m'immerger dans ce lac et à chaque souffle que je me propose, j'imagine que la fraîcheur de mes pieds à ma tête apaise de plus en plus mon corps…». Je reviendrai **sur le lac** dans cet essai, c'est une technique qui fonctionne vraiment bien.

Je propose également **l'arbre des possibilités** qui est une métaphore intéressante pour la gestion de la douleur, que n'importe quel apprenant pourra facilement assimiler et mettre en place pour s'apaiser.

Les types de suggestions directes sont vraiment **ce que je conseille** le plus, à la fois pour les praticiens et pour les apprenants. La seule chose qu'il est nécessaire d'obtenir c'est le niveau de base, le niveau somnambulique.

À partir du moment où nous parvenons à ce niveau là, **les suggestions fonctionnent** rapidement et le résultat est palpable facilement. Si vous êtes habitué à l'hypnose directe, comme c'est le cas en **Hypnosophie**, vous pouvez également **utiliser quelques phénomènes hypnotiques** afin de permettre à cette suggestion de donner des retours rapides pour vos partenaires.

Par exemple, travailler sur le **phénomène cataleptique du bras impliable** ou inversement du bras complètement mou.

Vous savez qu'à partir du moment où il y a ce phénomène, il est facile de donner **la suggestion** que le bras est **une barre de fer ou mieux encore que le bras qui est devenu cette barre n'a aucune sensibilité.**

N'ayant plus aucune sensibilité, la douleur n'a plus lieu d'être. Une fois que vous avez testé sur une partie du bras, que le **phénomène Hypno analgésique** est présent, vous n'avez qu'à émettre **une suggestion pour généraliser** cette sensation dans tout le corps. Cette façon de faire a un avantage marquant, c'est qu'au moment de votre test, votre partenaire **observe déjà la diminution de la sensation de douleur** dans le bras.

La généralisation dans tout le corps se fait dès lors rapidement en offrant, de par le processus que vous ayez mis en place, une façon **de répéter le processus et de rendre votre partenaire autonome.** Les phénomènes hypnotiques sont rarement utilisés en cabinet, on les laisse la plupart temps dans le domaine de l'hypnose urbaine ou de scène, ce qui est dommage.

Pourtant cela peut vraiment permettre d'**utiliser un levier puissant,** qui est celui de la **preuve immédiate,** de la capacité à baisser une douleur, voire de la retirer complètement en quelques secondes.

Nous pourrions appeler ça une forme de convincer, permettant dans les minutes qui suivent une **assimilation rapide des suggestions et des retours physiologiques** de cette technique.

Pour résumer :

- Mettre votre partenaire dans une transe dirigée vers le niveau de base
- Tendre le bras et aller sur la suggestion : « le bras va devenir de plus en plus rigide, de plus en plus solide que la plus solide des barres de fer, une fois que ce n'est plus qu'une barre de fer impossible à plier et je me rends compte que c'est impossible de plier que tout n'est qu'une barre de fer. »
-

- Une fois que vous avez pu vérifier que le phénomène fonctionne, il n'y a pas besoin d'être à 100 % efficace, la simple résistance indique déjà que la suggestion fonctionne, vous allez passer à la suggestion suivante.
- Pensez fortement à faire évaluer sur l'échelle de un à dix
- Ce bras est une barre de fer, une barre de fer sans aucune sensation de douleur, juste une barre de fer sans sensation, aucune sensation...
- Pensez de nouveaux à évaluer sur l'échelle de un à dix
- Une fois que vous avez vérifié que le bras est moins sensible avec très peu de douleur, passez à la suggestion suivante
- « Cette sensation neutre et apaisée se généralise petit à petit en partant du bras vers l'épaule puis vers le dos etc. »

Chapitre 9 : La Prétest Thérapie (PTT) comme Outil d'apaisement progressif

Comme nous avons pu le voir dans le chapitre précédent, nous pouvons utiliser **les phénomènes hypnotiques pour apaiser les douleurs.** Pour les praticiens et les apprenants qui connaissent le principe de prétest, j'ai développé **tout un système,** autour de ce **phénomène de base,** que nous pouvons obtenir avec tout le monde.

Nous avons la possibilité de l'utiliser, comme la plupart des techniques proposées dans ce contexte, en travaillant directement sur **le symptôme,** soit sous **forme de dialogue** comme nous l'avons vu précédemment.

Pour redéfinir ce que je nomme le prétest et pour que nous ayons une sémantique commune, cet outil est **l'utilisation idéomotrice** des bras de notre partenaire, de les faire répondre à des suggestions du type légèreté - lourdeur ou attraction - répulsion.

Ce phénomène est particulièrement intéressant, parce qu'il nous donne **un retour direct** du dialogue et de l'orientation que nous proposons au subconscient de notre partenaire.

Dans notre objectif de **gestion de la douleur,** cela nous offrira la capacité de proposer au subconscient **une indication**, au travers de la suggestion, et de voir au travers du **retour physiologique,** par exemple des bras qui s'attirent si la commande proposée à un impact réel pour l'objectif que nous souhaitons atteindre.

Pour les Praticiens : vous allez demander à votre partenaire de donner **une note** sur leur échelle de douleur. Puis **avec ou sans induction,** le travail de **questionnement** que vous avez fait au préalable et la mise en place du prétest thérapie **ouvrent automatiquement la transe**.

- Vous allez faire tendre les bras de votre partenaire, une paume vers le haut et l'autre vers le bas.
- Vous allez mettre dans la paume tournée vers le haut, **le poids de la douleur** et dans l'autre main la **volonté** qu'il a de se sortir de cette douleur.
- Expliquez que cette volonté va monter comme la main et que de l'autre côté le poids fera descendre cette main.

Ce premier temps est intéressant, pour percevoir ce que **le subconscient donne comme informations** par rapport à la douleur.

Certaines personnes vont vous donner des notes de sept ou huit ou dix, et pourtant quand vous allez leur demander d'imaginer cette douleur, en poids, en volume ou avec une forme, et vous rendre compte que **la réponse subconsciente n'est pas aussi forte** que celle exprimée par le conscient.

Cela peut même être assez troublant et il est important **de poser des questions à votre partenaire** vis-à-vis de **sa perception** de la douleur. En effet, si le subconscient détermine que le poids de la douleur n'est pas forcément lourd, c'est qu'**il y a autre chose qui peut peser sur cette douleur.** Dans ce cas là, je vous conseille d'aller **chercher les bénéfices secondaires** que votre partenaire met en place dans son quotidien vis-à-vis de la douleur.

Comme je vous l'ai indiqué précédemment, il y a de fortes chances que consciemment **il n'accepte pas l'idée qu'il y a des bénéfices à la moindre douleur**. Cela fera partie de sessions complètes, dans ce cas là vous n'allez pas toucher **directement** la douleur, mais plutôt **la cause** de cette douleur. D'un autre côté, si la main, dans laquelle vous avez suggéré l'élévation avec **la motivation, ne monte pas ou très peu,** il y a d'autres questions à se poser.

Peut-être que **la motivation à apaiser la douleur** n'est pas aussi forte que celle exprimée. Gardez en tête que **votre partenaire ne ment pas,** mais qu'**il n'est pas en écoute de son**

subconscient, d'ailleurs vous constatez que la douleur étant une de ses expressions qu'il n'a jamais reconnue, et que le subconscient, quand vous lui parlez directement, donne des réponses qui **ne correspondent pas à ce que le mental vous a proposé.**

L'intérêt de la prétest thérapie est que votre partenaire **ne peut nier les déplacements de ses bras** et donc peut prendre conscience de **la dichotomie qui existe en lui.**

Vous allez donc avoir différents cas de figure et en fonction, vous aller devoir **adapter votre séance** à ce qui va se passer en réponse au prétest que vous mettez en place.

Soit vous allez partir sur une thérapie qui **ne sera pas basée sur la gestion de la douleur**, en tout cas pour cette session, soit sera orientée vers la gestion de la douleur, en gardant en tête que cela n'est pas forcément la problématique de fond.

Je vous rappelle que les prétests, nous permettent de voir également la façon de réagir de votre partenaire et donc d'accorder **plus facilement la sémantique** qui lui correspond, qu'il soit visuel, auditif ou kinesthésique.

L'outil qui va suivre est **extrêmement simple** et vous permettra de diminuer rapidement la douleur de votre partenaire, en lui faisant prendre conscience de ses résistances potentielles, en ayant un **dialogue ouvert** avec ce dernier.

- Vous allez mettre les deux mains en avant collées l'une contre l'autre
- Vous allez exprimer l'idée que d'un côté c'est le corps et de l'autre la douleur
- Vous allez faire séparer petit à petit les deux mains, au travers **de suggestions qui permettent de créer une distance entre le corps et la douleur.**

Cet exercice fonctionne **rapidement et facilement**, vous pouvez voir l'ensemble des résistances que votre partenaire met en place, certains auront même ce que l'on nomme **une réactance**, c'est-à-dire une réaction **contre** le fait que cela puisse fonctionner. Si c'est le cas, retournez sur le travail des **bénéfices secondaires.**

Pour l'Apprenant : je vous demande de réutiliser le : « **faire comme si** » avec votre niveau de base. Si vous n'avez jamais été hypnotisé, et que vous n'avez jamais fait de prétest, cela n'a pas d'importance.

Vous allez simplement prendre la seconde partie de ce qui est proposé pour les praticiens.

- Vous allez **réunir vos deux mains,** les bras tendus et vous concentrez afin de mettre toutes vos douleurs dans la main droite et dans l'autre main la sensation de bien-être à laquelle vous voulez arriver.

69

- Vous allez faire comme si les deux mains se repoussaient petit à petit. Dans cet exercice c'est votre **imagination qui oriente le travail,** avec une suggestion que vous allez vous proposer du type : « à mesure que mes mains se repoussent, la douleur diminue de plus en plus, j'éloigne de plus en plus la douleur. ».

L'implication que vous allez y mettre, c'est-à-dire la **concentration que vous allez mettre à imaginer qu'il y a une force** qui repousse petit à petit les mains deviendra le facteur déclenchant d'un mieux-être.

Faites-vous confiance, ce phénomène est très simple et à votre niveau de base vous n'aurez aucun problème pour y parvenir. Vous pouvez le répéter plusieurs fois et vous apprendrez à gérer la douleur avec cet exercice du prétest.

Conclusion

Voici **quelques techniques** que vous pouvez facilement mettre en place que vous soyez praticiens ou partenaires.

Avant de passer à d'autres techniques je vous conseille de déjà **travailler ces basiques** qui vous donneront de nombreuses possibilités vis-à-vis des douleurs.

Mon objectif n'est pas de donner un nombre interminable de processus, mais plutôt de vous faire **prendre conscience des différents principes** qui peuvent émerger au travers de l'hypnose pour gérer la douleur.

D'ici quelques mois je vous proposerai un second volume, avec d'autres techniques. Avant cela, **prenez déjà le temps de travailler et de mettre en application** ces outils de base.

Comme pour les vidéos, je souhaite **une interactivité.** Si vous avez des questions, des remarques ou si vous souhaitez avoir des compléments d'informations, envoyez moi un mail **(hype.ose@gmail.com)** et j'y répondrai dans le prochain tome.

Vous pouvez facilement, avec l'hypnose, résoudre des problématiques qui depuis des années semblent insurmontables pour vos partenaires. Le subconscient et l'inconscient nous offrent **une perception de la réalité**.

Il ne tient qu'à vous aujourd'hui de **changer ces réalités** et d'apaiser de plus en plus facilement les différents maux qui touchent le corps.

Prenez soin de vous
Be One
Pank (Juillet 2015)

Qui est HnO (Hype-N-Ose) ?

Hype-N-Ose (HnO) est une association de pratiquants et de praticiens en Hypnose à tendance Elmanienne, Hypnososphie et Thérapies Durables.
Notre but est de rechercher, développer, pratiquer et diffuser sur ces sujets.

Pour ce faire, nous utilisons plusieurs leviers : des formations, des cabinets ouverts, de l'Hypnose Urbaine, des livres, des audios...
Nous organisons des formations en Hypnose Classique Curative ainsi que des ateliers en thérapies durables.
L'Hypnosophie est une discipline de synthèse et intégrative.
L'hypnose est un vaste monde avec des écoles, des styles et des tendances.
Plus qu'un style, nous souhaitons intégrer, sur les bases communes de l'hypnose, une ouverture globale.
Nous organisons des cabinets ouverts, dans le but de faire découvrir l'aspect curatif au plus grand nombre.
Toutes les semaines nous organisons des sorties « Hypnose Urbaine ».
 Nous y invitons des praticiens mais aussi des amateurs.
Le but étant de faire connaître, dans un autre contexte que le soin, ce qu'est l'Hypnose.
Cette expérience humaine est extraordinaire.

Nous pouvons dissiper les à priori et faire vivre des expériences agréables aux passants.

Vous pouvez trouver plus d'informations sur ce que nous mettons en place sur : www.hno-hypnose.com
Nous avons mis en place un site de Mp3 d'Hypnose pour faire vivre des micros séances. Vous trouverez des informations sur :www.hno-mp3-hypnose.com
Vous pouvez aussi suivre le blog avec tous les jours de nouvelles informations : www.laboratoire-hypnose.com

Si vous souhaitez nous rencontrer, échanger, partager, n'hésitez pas à nous contacter :
Mail : hype.ose@gmail.com
YouTube / Twitter / Facebook : Hype-N-Ose

Formations HnO Hypnose

Vous pouvez retrouver de nombreuses formations GRATUITES Online :

Apprendre l'Hypnose et les Concepts de Base :
https://apprendre-hypnose.org/

Apprendre la Programmation Neuro-Linguistique :
http://apprendre-la-pnl.fr/

Apprendre l'Auto Hypnose :
http://www.apprendre-auto-hypnose.fr/

Se Former en Hypnose Spirituelle :
https://formation-hypnose-spirituelle.co/

Apprendre le Magnétisme :
http://www.apprendre-le-magnetisme.fr/

Vous pouvez également retrouver quotidiennement des vidéos sur l'Hypnose/Hypnosophie, le coaching et les psycho-pratiques sur :
https://laboratoire-hypnose.com/

Et apprendre à gérer vos douleurs :
http://hypnose-douleur.jimdo.com/

Vous retrouverez également de nombreuses formations présentielles :

Formation en PsychoPratique Intégrative (PPI) et Hypnosophie :
https://goo.gl/kjwE64

Formation en Hypnose H-Ultra (Hypnose Profonde) :
https://goo.gl/MMUlWB

Formation en Hypnose Panko-Elmanienne :
https://goo.gl/crSyj7

Formation en Hyperempiria :
https://goo.gl/c3xful

Formation en Hypnose Urbaine :
https://goo.gl/SGyVVJ

Toutes les informations sont disponibles sur www.hno-hypnose.com

www.ingramcontent.com/pod-product-compliance
Lightning Source LLC
Chambersburg PA
CBHW070306290526
45791CB00003B/1093